Índice

I0893937

Rourke Educational Media

A Division of Carson Dellosa Education

rourkeeducationalmedia.com

¿Puedes encontrar estas palabras?

adopción

boda

grupo

nacimiento

¿Qué hace a una familia?

Una familia puede conformarse de diferentes maneras.

nacimiento

El **nacimiento** hace a una familia.

La **adopción** hace a una familia.

Una **boda** hace a una familia.

TE
AMO
PAPÁ

El amor hace a una familia.

La familia es un **grupo** especial de personas.

grupo

¿Encontraste estas palabras?

La **adopción** hace a una familia.

Una **boda** hace a una familia.

La familia es un **grupo** especial de personas.

El **nacimiento** hace a una familia.

Glosario fotográfico

adopción: traer una persona a una familia.

boda: cuando dos personas se casan, tienen una ceremonia de bodas.

grupo: personas o cosas que están juntas o tienen algo en común.

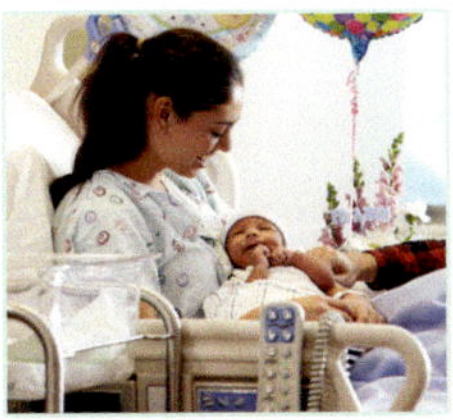

nacimiento: cuando nace un bebé.

Índice analítico

Sobre la autora

Tammy Brown escribe libros y enseña a los maestros a enseñar a sus alumnos a leer. Le gusta viajar con su esposo y jugar al escondite con sus nietos.

www.rourkeeducationalmedia.com

PHOTO CREDITS: Cover: ©monkeybusinessimages; p. 2,6,14,15: ©MissHibiscus; p. 2,4,14,15: ©monkeybusinessimages; p. 2,12,14,15: ©pixelheadphoto; p. 2,8,14,15: ©sirtravelalot; p. 3: ©monkeybusinessimages; p. 10: ©fstop123.

Edición: Keli Sipperley
Diseño de la tapa: Kathy Walsh
Diseño interior: Rhea Magaro-Wallace
Traducción: Santiago Ochoa
Edición en español: Base Tres

Library of Congress PCN Data
¿Qué hace a una familia? / Tammy Brown
(Tiempo para descubrir)
ISBN (hard cover - spanish)(alk. paper) 978-1-73160-543-6
ISBN (soft cover - spanish) 978-1-73160-557-3
ISBN (e-Book - spanish) 978-1-73160-550-4
ISBN (e-Pub - spanish) 978-1-73160-721-8
ISBN (hard cover - english)(alk. paper) 978-1-64156-208-9
ISBN (soft cover - english) 978-1-64156-264-5
ISBN (e-Book - english) 978-1-64156-312-3

Library of Congress Control Number: 2018967501

Printed in the United States of America, North Mankato, Minnesota